STEP-BY-STEP
Repertory for Classical Piano

KB188147

단계별
클래식 피아노 레퍼토리 3

| 심주리 저 |

samhomusic

Preface

　기본기의 사전적 의미는 '악기 따위를 다룰 때나 어떤 운동을 할 때 기초가 되는 기술'입니다. 대체로 사람들은 여러 분야의 기본기에 능숙한 사람에게 매력을 느끼는데, 특히 피아노에 대한 기본기라면 매우 후한 보너스 점수를 줍니다. 그러나 악기 하나를 배우기는 쉽지 않습니다. 근사한 곡을 다룰 수 있는 수준에 이르는 데만 몇 년이 걸립니다. 막연히 피아노를 시작해서 음악에 대한 충분한 이해도 없이 체르니와 하농을 반복 연습합니다. 이런 공부를 하다 보면 음악이 즐겁게 받아들여지지 않고 따분한 일로 여겨져 중도에 포기하게 되는 경우가 많습니다. 저 역시도 그런 시절을 겪은 한 사람이지만 음악에 미련이 남아 숙명여대 페다고지(피아노교수학) 대학원에서 다시 공부를 시작했고, 공부를 통해 수십 년간의 음악적 모순들이 하나씩 정리되어 갔습니다.

　저는 남들처럼 연주를 많이 하는 것도 아니고, 유명한 피아니스트도 아니지만 그저 음악을 사랑하는 한 사람으로 긴 시간 배우고 또 배운 것들을 가르치는 일을 해오고 있습니다. 세상에는 수없이 아름다운 음악들이 많은데 한 작곡가의 생애만큼 밖에 살지 못하는 우리가 그 주옥 같은 곡들을 모두 연주할 수는 없습니다. 그래서 고금의 명곡들을 엄선하여 보다 쉽게 편곡 · 난이도 별로 정리하고 **작품에 대한 해설과 음악 상식, 연주 방법, 자세, 악보에 나와 있지 않은 뒷이야기** 등을 제시해 클래식 음악에 보다 쉽게 다가갈 수 있는 곡집을 집필하였습니다.

　악기 교육의 큰 효용은 위안을 통한 자기 만족과 풍요, 음악을 진정으로 알아가는 희열입니다. 다섯 권의 쉽게 그려진 이정표를 따라 가는 여행길이 편안하고 아름다우며 또한 최종 목적지에 도달할 수 있기를 바랍니다. 더불어 수록된 **주옥같은 레퍼토리**들이 가치 있는 음악의 소중한 길라잡이가 되어주길 기대해 봅니다.

　끝으로 섬세한 감각과 참신한 아이디어로 시작부터 끝까지 함께 해주신 삼호뮤직 김선영 대리님, 지도해주신 숙명여대 대학원 오상은 교수님, 기도와 후원을 아끼지 않은 남편 임광우, 기쁜 마음으로 악보 작업을 도와준 소마 피아노의 정수아 어머니께 깊은 감사를 전하며, 부족한 저를 여기까지 도우신 하나님께 영광을 올려드립니다.

편저자 심주리

Contents

레이나글의 미뉴에트
Reinagle's Minuet

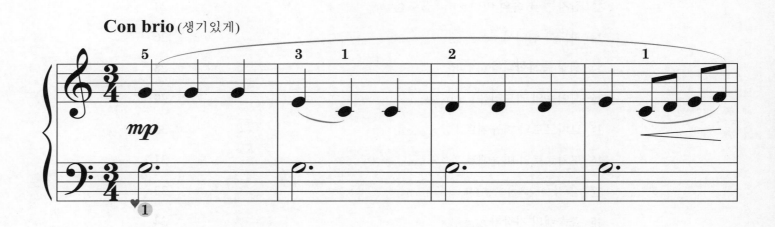

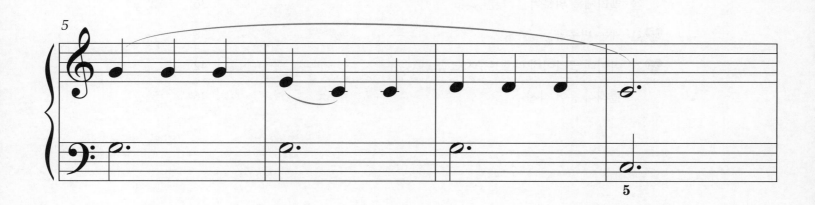

Alexander Robert Reinagle(1756~1809, 영국&미국)

미뉴에트는 17~18세기 유럽에서 유행한 우아하고 약간 빠른 춤곡입니다. 4분의 3박자 또는 8분의 3박자의 3박 계열로 되어 있습니다.

♥ 왼손 '솔(G)' 음을 1번 손가락으로 반복합니다.

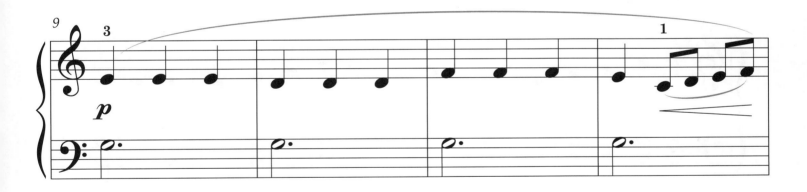

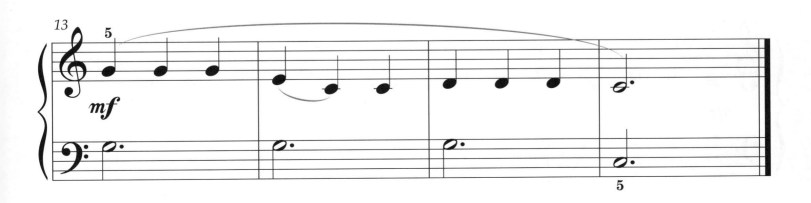

스코틀랜드 피리
Dudelsack

*다장조(C Major)

Allegretto (조금 빠르게)

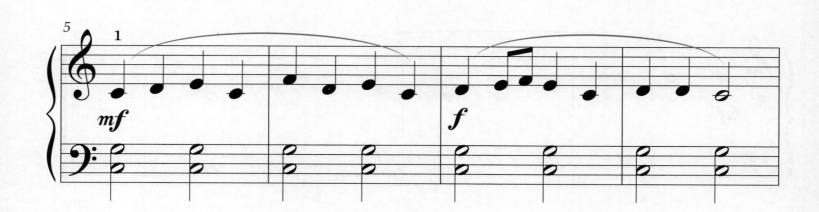

Unknown

♥ **알라 브레베(alla breve)** : 2분음표를 한 박으로 하여 연주한다는 뜻으로 한 마디를 두 덩어리로 연주합니다(In Two).

★ 왼손 반주는 **코드 연타**이므로 소리가 커지지 않도록 주의합니다(멜로디 : 반주 = 7 : 3). 연주 시에는 손등을 단단히 세워서 칩니다.
유럽에 있는 성당의 둥근 지붕처럼 돔(Dome, ) 형태를 유지합니다.

▶ 손등의 뼈들이 무너지지 않아야 합니다.

*사장조(G Major)

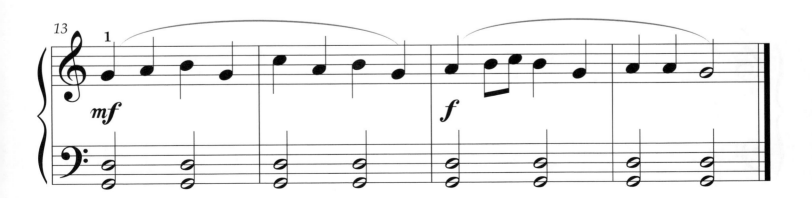

03
나란히
Song in Parallel Motion

*유니즌(Unison) : 양 손이 다른 옥타브에 걸친 같은 **멜로디 (가락)**를 연주합니다.

Allegretto (조금 빠르게)

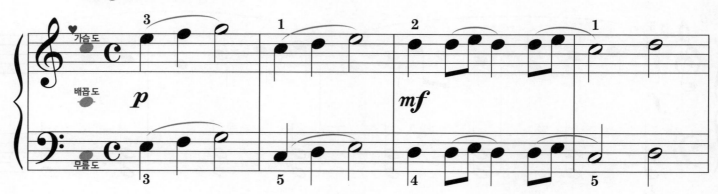

Christian Louis Heinrich Köhler(1820~1886, 독일)

작곡자 쾰러는 19세기 독일의 유명한 피아노 교육자로 오늘날 쓰이는 소나티네의 유래가 쾰러의 소나티네입니다.

♥ '도(C)'의 자리를 기준으로 자리를 정확히 파악합니다.

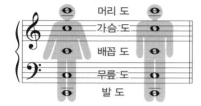

* **화성(harmony)** : 오른손, 왼손의 음정이 달라지므로 **화성감**을 느껴봅니다.

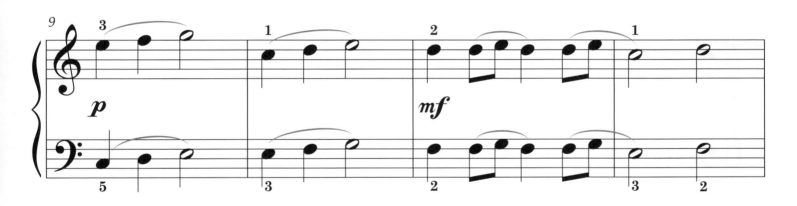

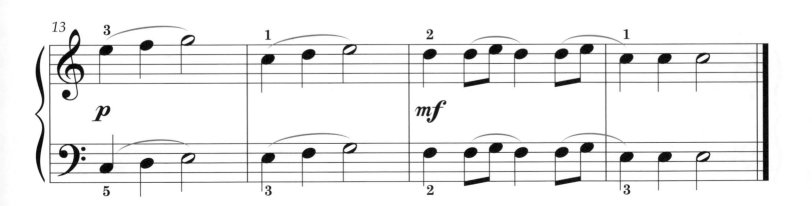

04
천진난만
4. Hanns ohne Sorgen(Handstücke für angehende Klavierspieler I)

Allegretto (조금 빠르게)

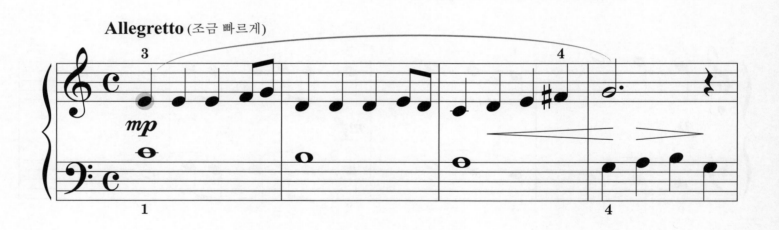

Daniel Gottlob Türk(1750~1813, 독일)

♥ 6도 도약 후 핑거링에 주의합니다.

★ 오른손의 위치가 **옥타브**(octave) 올라갔습니다.

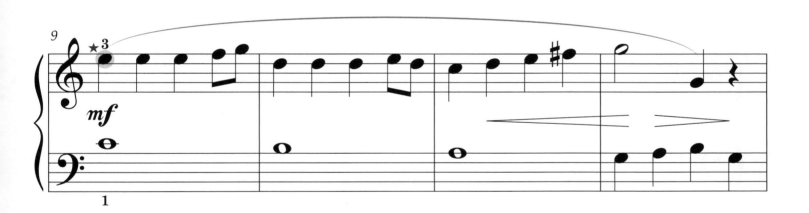

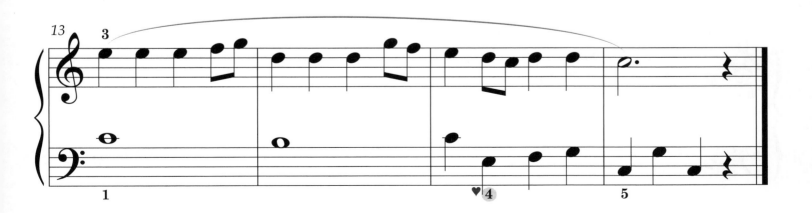

바흐의 미뉴에트

Minuet BWV Anh.114

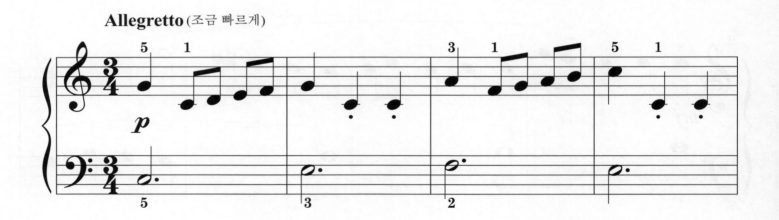

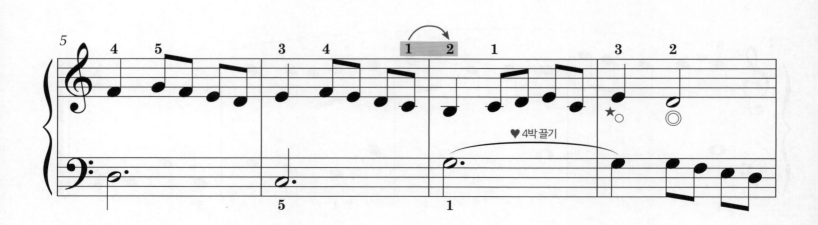

Johann Sebastian Bach(1685~1750, 독일)

바흐의 아내 안나 막달레나를 위한 노트에 있는 곡으로 원곡은 G장조로 되어 있습니다. 바흐가 살았던 바로크 시대에는 오늘날의 피아노가 발명되기 전이므로 바흐는 피아노의 전신인 오르간, 쳄발로(하프시코드, 클라브생)로 연주했습니다. 쳄발로를 떠올리며 논레가토(Non-legato), 즉 각 음의 ⅜(●)만 소리 내어 연주해야 합니다.

♥ 붙임줄(Tie) 주의

★ 당김음(syncopation) : 센박과 여린박의 위치가 변화된 상태를 말합니다.

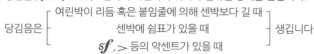

당김음은 ┌ 여린박이 리듬 혹은 붙임줄에 의해 센박보다 길 때 ┐
　　　　　│　　　　 센박에 쉼표가 있을 때　　　　　 ├ 생깁니다.
　　　　　└　　　 *sf*, > 등의 악센트가 있을 때　　　 ┘

┌───┐
│ 〈피아노의 전신과 발달사〉   │
│ 1. 하프시코드(Harpsichord) : 현을 뜯어서 소리 내는 원리   │
│ 　* 하프시코드(영어권) = 쳄발로(이탈리아, 독일) = 클라브생(프랑스) │
│ 2. 클라비코드(Clavichord) : 터치에 의해 음량 조절이 가능해짐   │
│ 3. 피아노포르테(Pianoforte) : 18세기에 개발된 오늘날 피아노의 초기 단계 │
│ 　* 크리스토포리(이탈리아) : 피아노포르테 개발   │
│ 　* 질버만(독일) : 제작, 보급   │
│ 　* 슈타인(독일) : 피아노의 강약과 연타의 문제점 보완, 발전에 크게 기여 │
└───┘

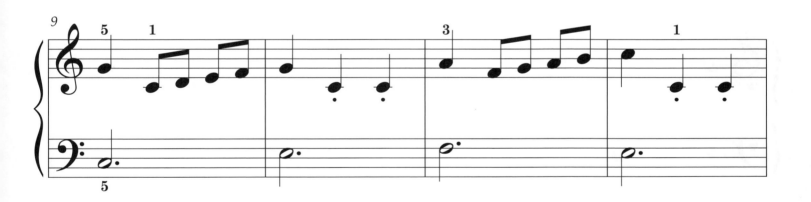

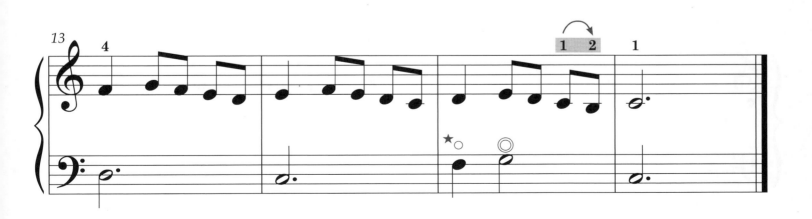

13

그대의 눈빛을 바라보며

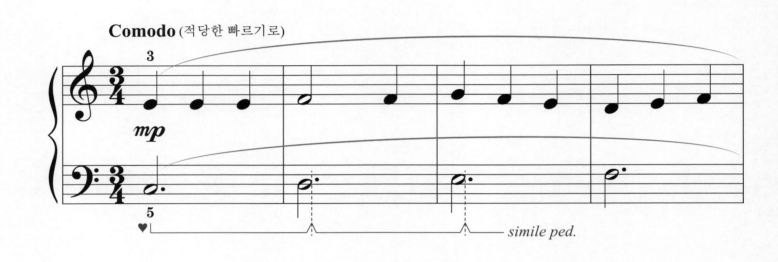

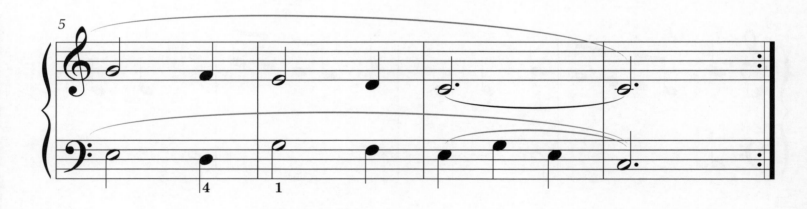

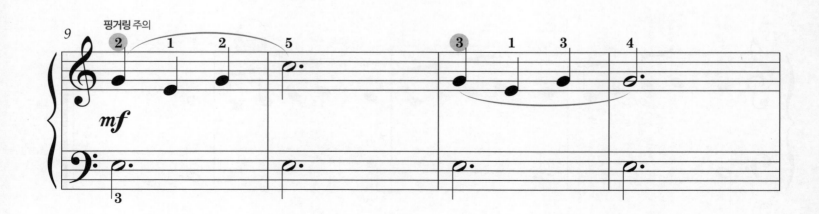

영국 민요

영국 민요는 고풍스러운 형태가 전승되고 있으며 풍부한 정감과 변화가 많은 선율과 우아한 풍속을 나타내는 특징을 가지고 있으며 크게 아일랜드 민요와 스코틀랜드 민요로 나눕니다.

♥ 피아노 페달은 음을 먼저 타건하고 페달을 뒤에 밟습니다(동시 페달 피하기). 이렇게 연주하면 지저분한 울림을 피할 수 있습니다.

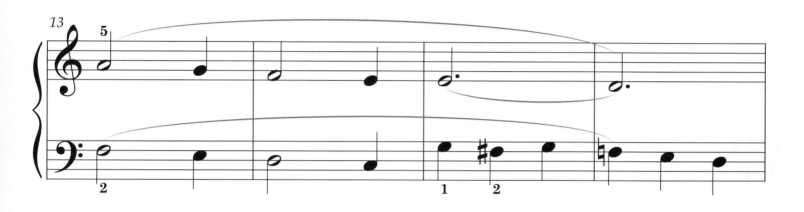

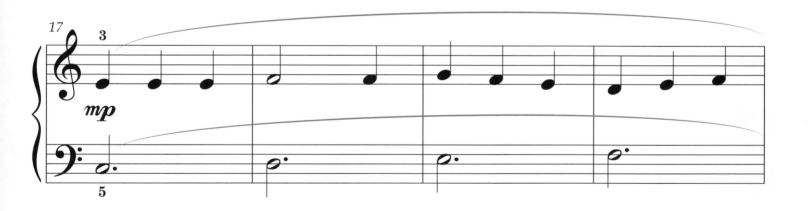

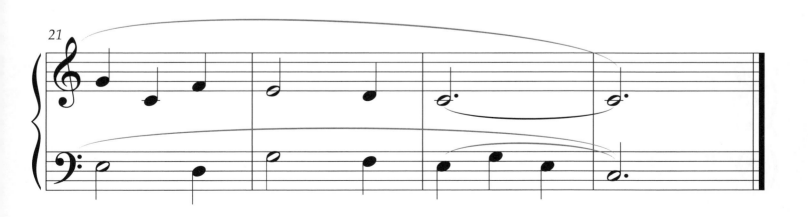

사랑의 기쁨

Plaisir d'amour

Jean Paul Égide Martíni(1741~1816, 프랑스&독일)

마르티니에게 불후의 명성을 안겨주었던 유명한 로망스입니다. 〈사랑의 기쁨〉이라는 곡명과는 달리, 변함없는 사랑을 맹세한 애인의 사랑이 허무하게 변한 것을 슬퍼하는 비련의 가곡입니다.

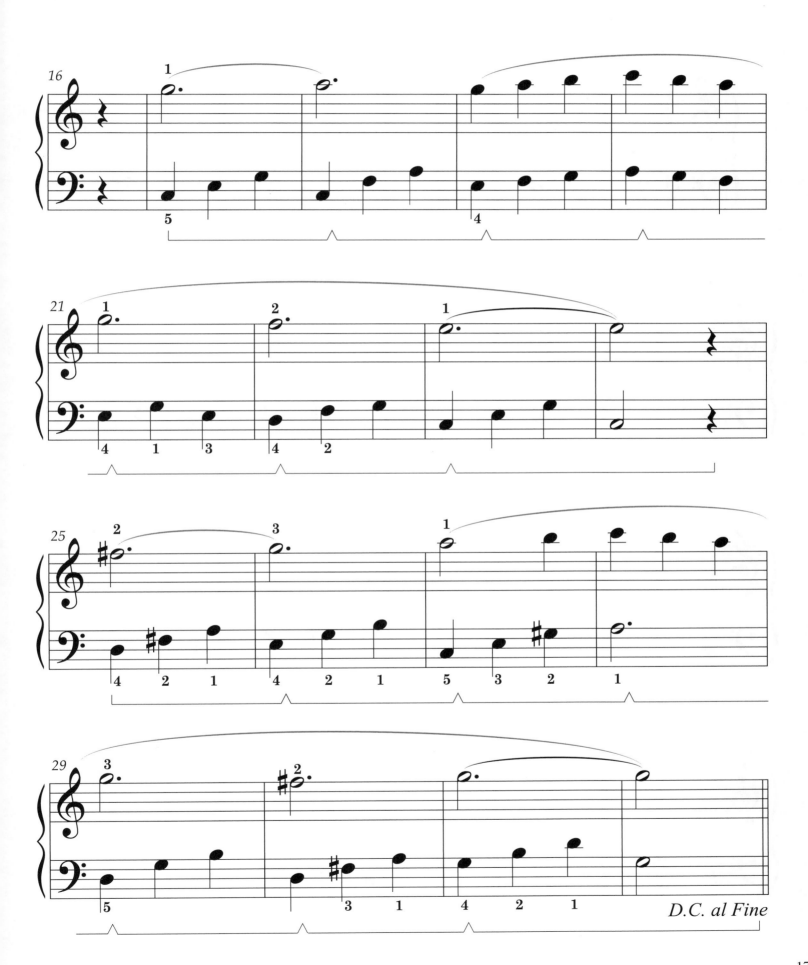

08

베니스의 사육제
The Carnival of Venice

이탈리아 민요

베니스의 카니발은 사순절이 시작될 즈음에 열리는 세계 최대의 축제로 약 열흘간 이어지는 축제 기간 동안에는 전세계의 수십만 관광객들이 이 도시로 몰려 듭니다. 이 축제에서는 너나 없이 가면을 쓴 채 분위기에 흠뻑 젖어 각종의 즐길 거리를 찾아 돌아다닙니다. 〈베니스의 사육제〉의 원곡은 이탈리아 작곡가 파가니니(Paganini)의 바이올린 곡으로 기악 연주자들은 이 주제를 가지고 다양한 악기로 변주하여 자주 연주합니다.

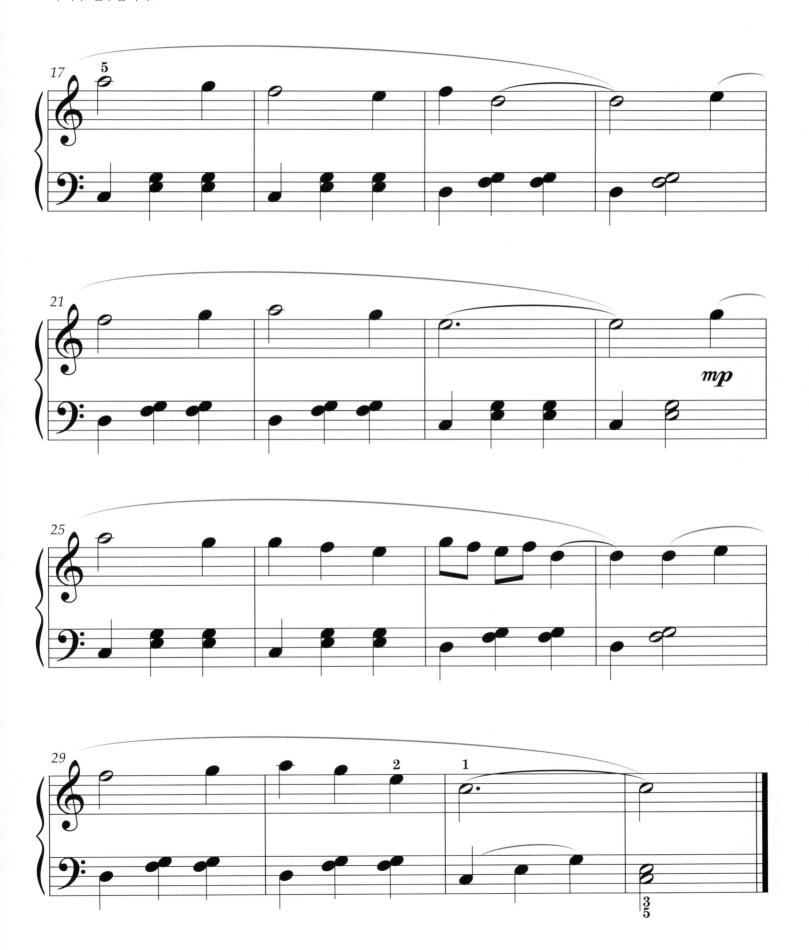

젊은 왕자와 공주

'Scheherazade' Op.35 III. The Young Prince and The Young Princess

림스키-코르사코프가 1888년에 완성한 교향적 모음곡 《세헤라자데》는 표제적 내용을 담은 곡입니다. 세헤라자데는 아라비안 나이트에 나오는 재색을 겸비한 왕비의 이름으로, 1001일 동안 밤마다 왕에게 이야기를 들려 주어 왕을 매료시켰던 세헤라자데 왕비처럼 전국민 적인 사랑을 받고 있는 피겨스케이트 선수 김연아의 2009년 세계 선수권 프로그램 음악으로 잘 알려져 있습니다.

♥ 왼손은 '도(C)' 음을 중심으로 테너 성부만 반음씩 움직입니다. 다음 악보를 보고 '솔#(G#)' 음과 '라♭(A♭)' 음의 관계(이명동음)를 생각하며 먼저 연습해 봅니다.

놀람 교향곡

Symphony No.94 'Surprise' Hob.I:94 I. Andante

Franz Joseph Haydn(1732~1809, 오스트리아)

하이든은 '교향곡의 아버지'라 불릴 만큼 많은 교향곡을 남겼습니다. 그 중에서 가장 잘 알려진 〈놀람 교향곡〉은 잔잔하게 연주하다가 갑자기 *sfz*(스포르찬도, 그 음에 갑자기 악센트를 붙여서)가 연주되자 청중들이 크게 놀랐다는 일화가 전해집니다.

♥ ♪♩♪ ♪
★ 손가락을 건반에 대고 '라(A)' 음을 향해 가볍게 타건합니다.

23

잠자는 숲 속의 미녀

Waltz ('Sleeping Beauty' Op. 66 Act I, No.6)

Pyotr Il'yich Tchaikovsky(1840~1893, 러시아)

프랑스의 동화 작가 샤를 페로(Charles Perrault)의 『잠자는 공주』에 바탕을 둔 발레 음악이자 연주회용 모음곡 《잠자는 숲속의 미녀》는 차이콥스키의 두 번째 발레 음악으로 이전의 《백조의 호수》보다 훨씬 충실해졌다는 평을 듣는 곡입니다.

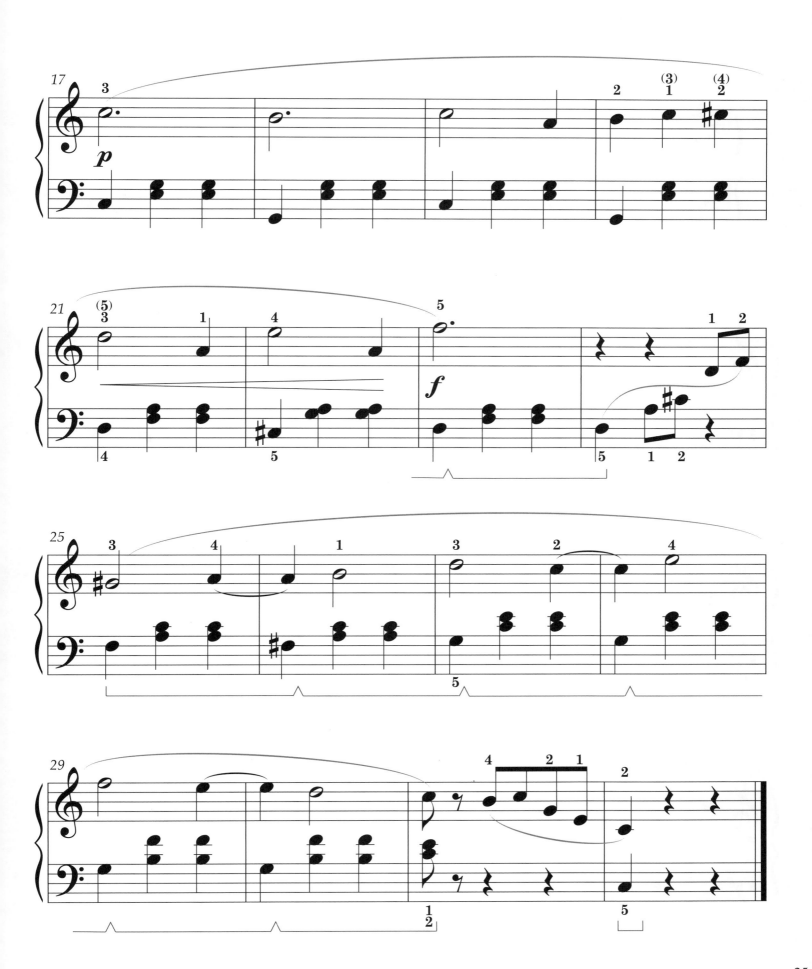

12

파도를 넘어서
Sobre las Olas

José Juventino Policarpo Rosas Cadenas(1868~1894, 멕시코)

왈츠(Waltz)는 오스트리아의 요한 슈트라우스, 프랑스의 발트토이펠이 유명하지만, 이 곡의 작곡자 멕시코의 후벤티노 로사스도 그에 버금가는 왈츠를 작곡했습니다. 로사스는 특히 왈츠 작품을 많이 썼고, 그 중 어떤 곡은 요한 슈트라우스의 작품과 혼용되기도 합니다. 〈파도를 넘어서〉는 씩씩한 남성같은 대양의 파도를 넘어 나아가는 장쾌함을 그리고 있습니다.

♥ 레가토(legato) : 두 번째 음을 칠 때 첫 음을 듣고 두 번째 음을 치고 첫 음에서 손을 뗍니다. 첫 음을 빨리 떼지 말고 의도적으로 소리를 중복시킵니다.

13

생일 축하합니다
Happy Birthday to You

미국 민요

〈For He's a Jolly Good Fellow〉와 〈Auld Lang Syne〉과 함께 영어로 부르는 가장 잘 알려진 노래인 이 곡은 적어도 18개 언어로 번역되었다고 합니다. 멜로디는 미국의 패티 힐과 밀드레드 힐이 켄터키 주 루이빌의 학교 선생으로 일했던 1893년에 지은 것으로, 처음에는 'Good Morning to All'이라는 가사로 교실 환영 노래로 고안된 것입니다.

♥ 부점 리듬 :
길고 세게 짧고 여리게

Moderato (보통 빠르기로)

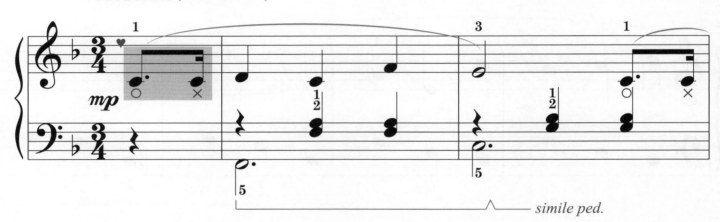

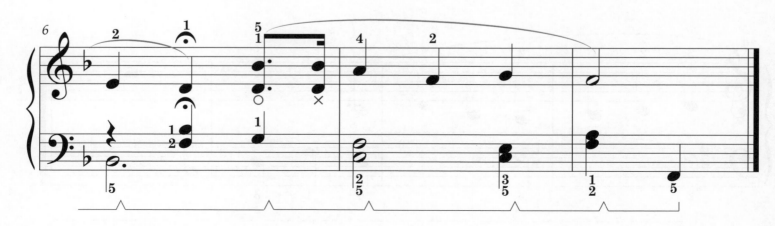

28

하이든의 카드리유

Hob. IX:29 5 Kontretänze und 1 Quadrille

Franz Joseph Haydn(1732~1809, 오스트리아)

카드리유는 네 쌍 이상의 사람들이 네모꼴을 이루며 추는 춤입니다.

♥ **코드 연타**는 소리가 커지지 않도록 주의하며 손등을 단단히 세워서 칩니다.

Allegretto (조금 빠르게)

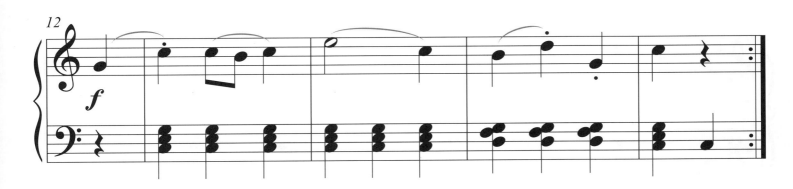

15

모차르트의 미뉴에트 1

Divertimento No.17-3 K.334(320b) III. Minuet

Wolfgang Amadeus Mozart(1756~1791, 오스트리아)

모차르트는 디베르티멘토(기악 모음곡)를 25개 작곡했는데. 그 중 17번 D장조 3악장 미뉴에트는 단독으로 널리 연주됩니다. 프랑스 파리에 대한 인상과 그 정취를 엿볼 수 있는 1779년 여름의 작품입니다.

♥ **두 음 슬러**는 첫 음은 손목을 낮추고 길고 세게, 두 번째 음은 손목을 높이고 짧고 여리게 연주합니다.

모차르트의 미뉴에트 2

Violin Sonata No.1 KV.6/IIIa

Wolfgang Amadeus Mozart(1756~1791, 오스트리아)

1763년 작곡된 이 곡은 원래 바이올린과 피아노를 위한 곡입니다. 후에 모차르트의 누이 Anna Maria (Nannerl) Mozart를 위한 작곡 노트에 피아노 연주 버전이 실렸습니다. 이 곡을 연주할 때는 소리를 귀로 들으면서 프레이즈의 목표점을 향해 선율이 고조되고 자연스럽게 하강하는 것을 찾아 표현해봅니다.

Andante grazioso(느리고 우아하게)

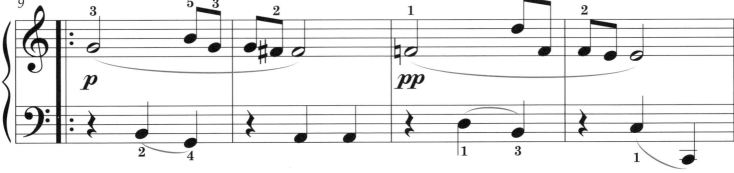

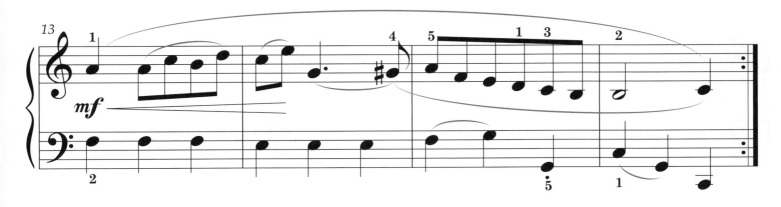

캉 캉 '천국과 지옥' 중에서

Overture(Finale; Can-Can) from Opera 'Orphée aux Enfers'

Jacques Offenbach(1819~1880, 독일&프랑스)

오펜바흐는 오페라 부파의 작곡가로 그의 명성을 천하에 알린 것은 오페라 《천국과 지옥》과 《호프만 이야기》입니다. 그의 오페레타는 총 90여 개에 달합니다. 서곡은 오페라나 연극이 시작되기 전 막을 내린 채로 시작하는 일종의 오프닝 음악으로 자체는 불완전하지만 이 곡처럼 완전히 독립된 기악곡으로 된 유명한 서곡도 있습니다.

＊도돌이표 연주 :

A→B→C→A→B→D→E→F→G→H→E→F→I→J

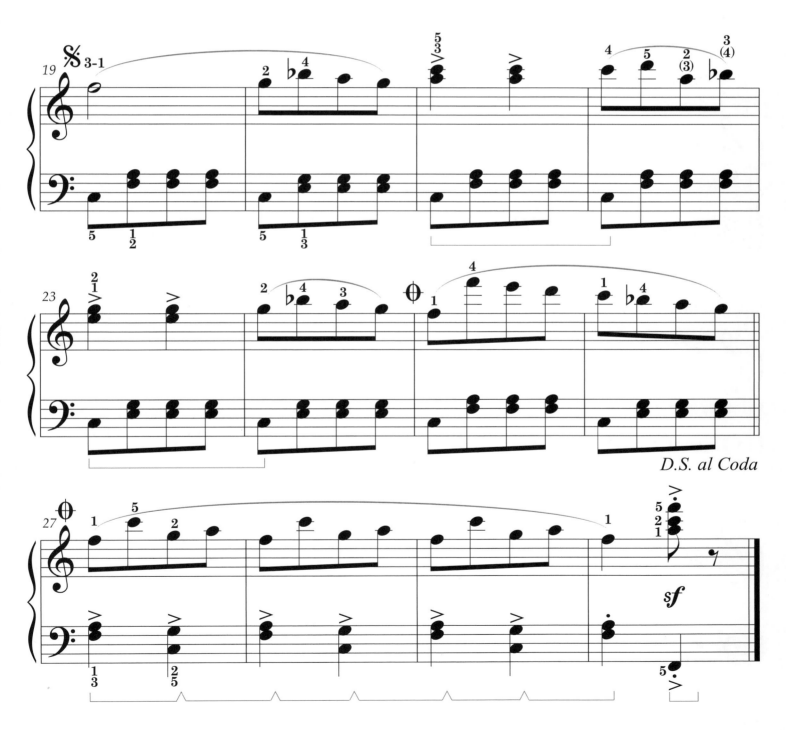

죠슬랭의 자장가

Berceuse de Jocelyn

18

Benjamin Godard(1849~1895, 프랑스)

벤자민 고다드는 유대계 프랑스인으로 19세기 중반의 작곡가입니다. 슈만과 멘델스존을 좋아했던 그는 오페라와 관현악곡도 작곡했습니다. 이 노래는 요람을 흔들어 부르는 자장가로 어르는 듯한 멜로디와 움직임이 있는 반주로 구성되어 있습니다.

♥ half-pedal : 페달을 ½만 누르면서 번갈아 밟습니다.

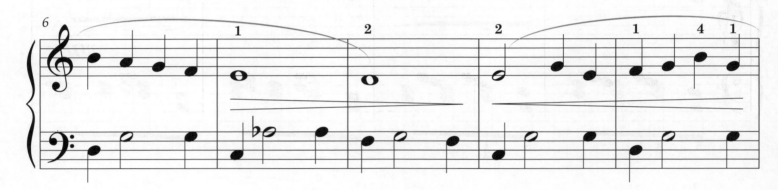

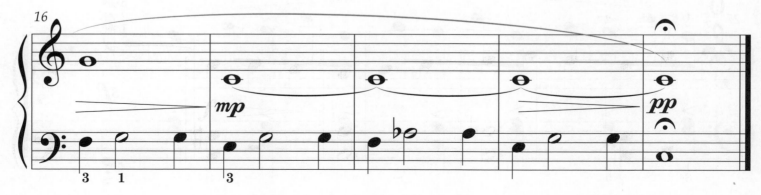

슈만의 찬송가
4. Ein Choral(Album für die Jugend Op.68)

Robert Alexander Schumann(1810~1856, 독일)

《어린이를 위한 앨범》은 슈만의 초급 피아노 소품 시리즈 중 하나이며, 4번째 곡 코랄은 교회의 찬송가를 의미합니다. 이 곡은 동시에 네 성부를 잘 맞추어 연주하며 특히 상성부인 소프라노(Soprano) 선율이 노래하도록 해야 합니다. 기재된 손가락 번호(핑거링)를 따라 페달 없이 핑거링만으로 레가토(legato)하는 훈련을 해봅니다.

엘리제를 위하여

Bagatelle WoO.59 'Für Elise'

Ludwig van Beethoven(1770~1827, 독일)

이 곡보다 전 세계 사람들의 귀에 낯익은 멜로디는 아마도 없을 것입니다. 애절하고 아름다운 이 환상적인 소네트는 200년 동안 사람들로 하여금 상상의 나래를 활짝 펴게끔 해준 명곡 중의 명곡으로 손꼽힙니다. 간결하고 짧지만 그 안에 담겨 있는 의미와 배경은 비장하다 못해 미스테리하기까지 합니다. 깔끔하고 사랑스런 피아노 소품으로 엘리제가 어떤 여성인지는 밝혀지지 않고 있는데, 당시 베토벤이 연정을 품고 있던 17살의 텔리제 마르파티가 아닐까 추정되며, 아름다운 여인에게 바치기 위한 곡이었던 만큼 열정과 사랑스러움이 녹아있는 작품입니다.

♥ 쉼표 박 주의

캐논 변주곡

Canon Variations and Gigue for 3 Violins & Continuo

Johann Pachelbel (1653~1706, 독일)

캐논은 본래 하나의 성부에서 주제가 노래되면 시간의 차이를 두고 다른 성부가 주제를 그대로 모방하여 쫓아가는 형식으로 '돌림 노래'를 말합니다. 살면서 수백 번은 들었을 그 멜로디라도 수많은 재해석과 수많은 시도 속에서는 원곡을 걸러내기조차 어려울 지경인데, 바로크 음악가 파헬벨에 의해 쓰여진 캐논은 원래 1694년에 바흐의 큰형 결혼식을 위해 작곡했다는 설이 있으나 정확하지는 않습니다. 결혼식은 물론 크리스마스, 신년 파티 등 어느 때든 잘 어울리는 아름다운 곡입니다.

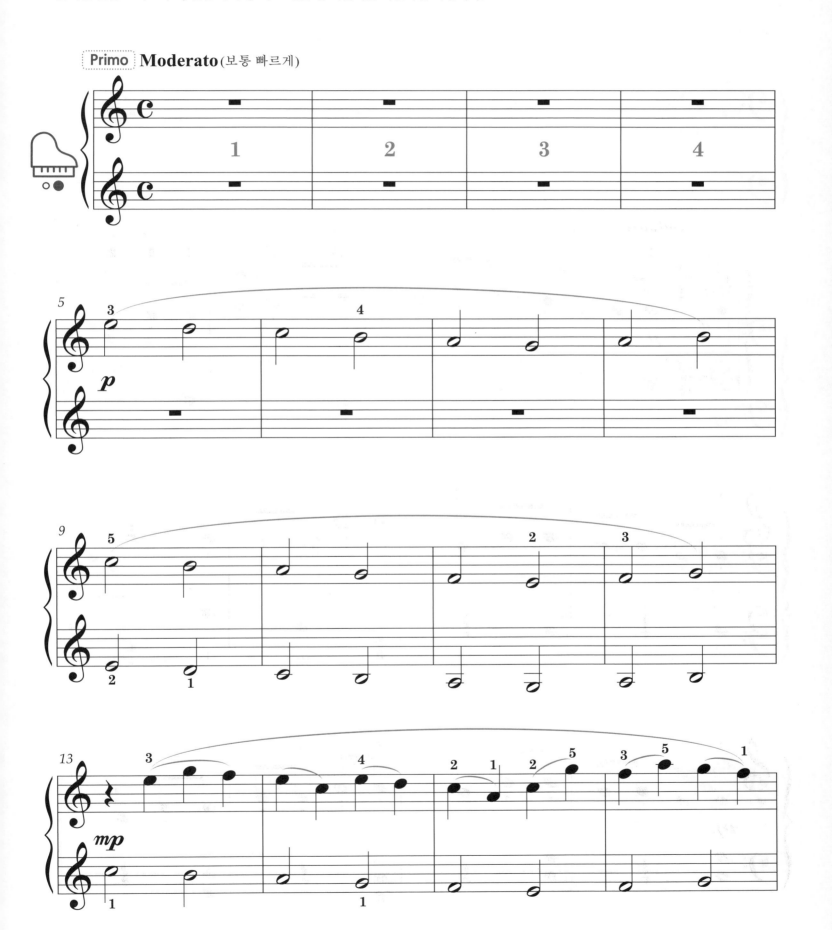

Primo

Duo
22

아이네 클라이네 나흐트무지크

Eine Kleine Nachtmusik K.525 1st Movt.

Wolfgang Amadeus Mozart(1756~1791, 오스트리아)

모차르트의 대표작 중 하나인 세레나데 〈아이네 클라이네 나흐트무지크〉는 누구나 쉽게 따라 할 수 있는 익숙한 선율로 만들어진 간결한 작품입니다. 제목을 직역하면 '작은 밤 음악'이라는 뜻으로, 영어로는 *A little serenade*(소야곡)입니다. 여기서 세레나데란, 사랑하는 연인의 창가에서 부르는 노래를 뜻하는 것으로 슈베르트의 세레나데가 그 한 예가 됩니다.

Secondo

Primo

45

Renaissance

Baroque

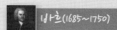바흐(1685~1750)

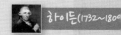하이든(1732~180°

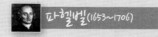파헬벨(1653~1706)

1560	1600	1650	1700	1750

빠르기말

걸음걸이의
빠르기로

매우 느리게	느리게	조금 느리게	보통 빠르기로	조금 빠르게	빠르게	매우 빠르게
장엄하게 **Grave**(그라베) 폭넓게 **Largo**(라르고) 무겁게 **Lento**(렌토) 침착하게 **Adagio**(아다지오)	Andante (안단테)	Andantino (안단티노)	Moderato (모데라토)	Allegretto (알레그레토)	Allegro (알레그로)	Vivo(비보) 힘차게 Vivace(비바체) 경쾌하게 Presto(프레스토)

빠르기를 변화시키는 말

accelerando (accel.)	아첼레란도	점점 빠르게	rallentando (rall.)	랄렌탄도	점점 더 느리게
ad libitum (ad lib.)	아드 리비툼	임의대로	ritardando (rit.)	리타르단도	점점 느리게
allargando	알라르간도	점점 느려지면서 폭이 넓고 세게	slentando	슬렌탄도	점점 느리게
calando	칼란도	평온하게	smorendo	스모렌도	꺼져가듯이
meno mosso	메노 모소	빠르기를 조금 늦춰서	smorzando	스모르찬도	꺼져가듯이
morendo	모렌도	숨이 끊어져 가듯이	stringendo (string.)	스트린젠도	점점 빠르게
perdendosi	페르덴도시	사라지듯이	Tempo Primo (Tempo I)	템포 프리모	처음 빠르기로
piú mosso	피우 모소	더욱 발랄하게	tempo rubato	템포 루바토	임의의 빠르기로

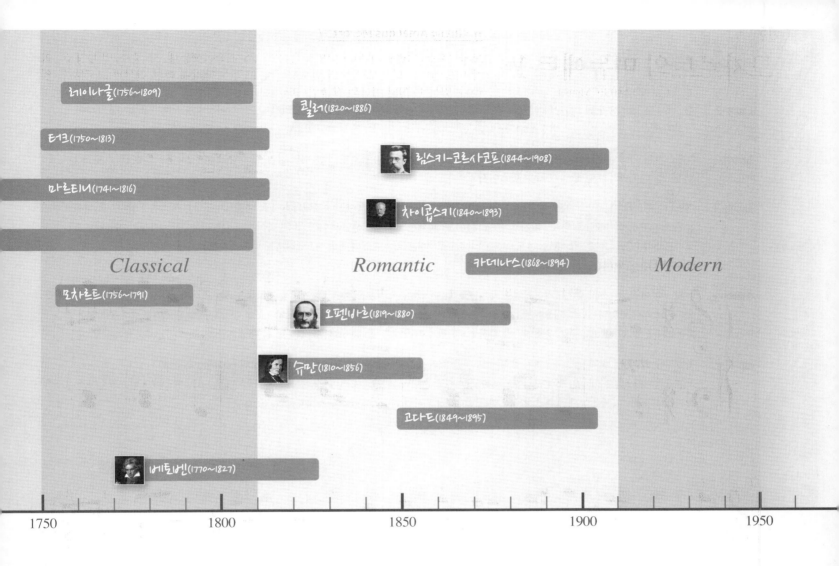

레이나글(1756~1809)

터크(1750~1813)

마르티니(1741~1816)

퀼러(1820~1886)

림스키-코르사코프(1844~1908)

차이콥스키(1840~1893)

Classical

Romantic

카데나스(1868~1894)

Modern

모차르트(1756~1791)

오펜바흐(1819~1880)

슈만(1810~1856)

고다드(1849~1895)

베토벤(1770~1827)

| 1750 | 1800 | 1850 | 1900 | 1950 |

하이든

'교향곡의 아버지'로 알려져 있는 오스트리아 출신의 하이든은 빈 고전파를 대표하는 음악가입니다. 〈놀람〉 교향곡, 〈사계〉 교향곡을 포함하여 104개의 교향곡과 60여 곡의 현악4중주, 5중주 〈황제〉, 오라토리오 〈천지창조〉 그리고 다수의 피아노 소나타를 썼습니다.

네덜란드의 악보 수집가인 호보켄(Hoboken, 1887~?)이 그의 작품을 번호순으로 정리해서 작품마다 Hob. 이라는 약자를 붙여 표기합니다.

모차르트

오스트리아의 작곡가로 하이든과 함께 18세기 고전파의 양식을 확립하였습니다. 그의 작품으로는 40여 개의 교향곡과 협주곡, 가곡, 피아노곡, 실내악, 종교곡, 오페라 《피가로의 결혼》, 《돈 조반니》, 《마술피리》 등 총 600여 곡이 있습니다. 어릴 때부터 놀라운 능력을 나타냈던 그는 '음악의 신동'으로 불렸습니다.

모차르트의 작품에 가장 빈번히 사용하는 K는 오스트리아의 모차르트 연구가 루드비히 쾨헬(Köchel, 1800~1877)의 이니셜을 딴 것입니다. 쾨헬은 총 626개의 모차르트 작품에 연대순으로 번호를 매겼습니다. 종종 K 대신 KV로 표기하는 경우도 있는데, 이는 '쾨헬 작품목록(Köchel – Verzeichnis)'의 약자입니다.

단계별
클래식 피아노 레퍼토리 3

발 행 일　2016년 3월 1일

발 행 인　김정태
편 저 자　심주리
발 행 소　삼호뮤직 (http://www.samhomusic.com)
　　　　　우편번호 10881
　　　　　경기도 파주시 문발로 175
　　　　　마케팅기획팀　　전화 1577-3588　　팩스 (031) 955-3599
　　　　　콘텐츠기획개발팀 전화 (031) 955-3588 팩스 (031) 955-3598
등 　　록　1977년 9월 10일 제 3-61호

ISBN　　978-89-326-3589-7
　　　　978-89-326-3592-7(전5권)